돼지학교에 오신 것을 환영합니다!

백명식 글·그림

강화에서 태어나 서양화를 전공했습니다. 출판사 편집장을 지냈으며, 다양한 분야의 책과 사보, 잡지 등에 그림을 그리고 있습니다. 특히 어린이들이 좋아하는 책을 쓰고 그릴 때 가장 행복하다고 합니다. 그린 책으로는 《WHAT 왓? 자연과학편》《책 읽는 도깨비》《자연을 먹어요 시리즈》 등이 있으며, 쓰고 그린 책으로는 《인체과학 그림책 시리즈》《맛깔나는 책 시리즈》《저학년 스팀 스쿨 시리즈》 등이 있습니다. 소년한국일보 우수도서 일러스트상, 중앙광고대상, 서울일러스트상을 받았습니다.

곽영직 감수

서울대학교 물리학과와 미국 켄터키대학교 대학원에서 공부했습니다. 저서로는 《곽영직의 과학캠프》《교양 과학 고전》 등이 있으며, 어린이를 위한 과학 그림책인 《더더더 작게 쪼개면 원자!》《데굴데굴 공을 밀어 봐》 등이 있습니다. 《빅뱅》《신성한 기하학》 등을 우리말로 옮겼고, 《니코의 양자 세계 어드벤처》《어린이 과학 형사대 CSI》《공기를 타고 달리는 소리》 등 많은 책을 감수했습니다. 현재 수원대학교 물리학과 교수로 재직하고 있습니다.

로켓을 버리고 날아간 돼지

백명식 글·그림 | 곽영직 감수

초판 인쇄일 2014년 7월 8일 | **초판 발행일** 2014년 7월 20일
펴낸이 조기룡 | **펴낸곳** 내인생의책 | **등록번호** 제10호-2315호
주소 서울시 강서구 가양동 52-7 강서한강자이타워 A동 306호
전화 (02)335-0449, 335-0445(편집) | **팩스** (02)6499-1165
전자우편 bookinmylife@naver.com | **홈카페** http://cafe.naver.com/thebookinmylife
편집장 이은아 | **책임편집** 김예지 | **편집1팀** 신인수 이다겸 이지연 | **편집2팀** 박호진 이민해 조정우
디자인 최원영 심재원 | **마케팅** 이성민 서영광 | **경영지원** 김지연

ISBN 979-11-5723-019-8 74440
ISBN 978-89-97980-45-1 (세트)

ⓒ 백명식, 2014

책값은 뒤표지에 있습니다.
잘못된 책은 구입처에서 바꾸어 드립니다.

이 도서의 국립중앙도서관 출판시도서목록(CIP)은 e-CIP홈페이지(http://www.nl.go.kr/ecip)와
국가자료공동목록시스템(http://www.nl.go.kr/kolisnet)에서 이용하실 수 있습니다. (CIP제어번호: CIP2014019300)

돼지 학교 과학 17

로켓을 버리고 날아간 돼지

로켓과 우주선

백명식 글·그림 | 곽영직 감수

내인생의책

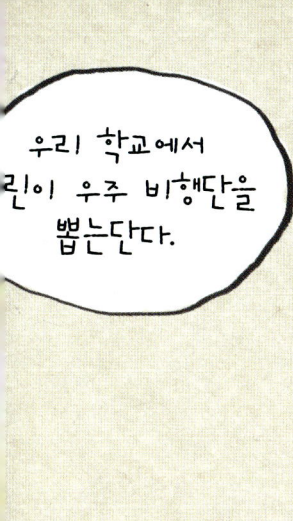

오늘은 과학 수업이 있는 날이야.
꾸리네 반 아이들은 로켓과 우주선에 대해 열심히 배우고 있었지.
뚝딱뚝딱 로켓을 조립하고, 조잘조잘 우주선에 관해 이야기했어.
"언젠가 진짜 로켓이 달린 우주선을 타고 우주에 갈 거야."
꾸리가 도니에게 자랑스레 말했어.
"꾸리에게 반가운 소식이겠는걸. 마침 우리 학교에서 어린이 우주 비행단을 뽑는단다. 우주 비행 훈련을 통과해야 하지만 말이야."
꾸리 옆을 지나던 방글이 선생님이 웃으며 말씀하셨어.
우주 비행 소식에 온 교실이 시끌시끌해졌어.

학교가 끝나자마자, 삼총사는 피그 박사님의 연구실로 달려갔어.
"박사님! 우리 학교에서 어린이 우주 비행단을 뽑는대요!"
연구실로 우당탕탕 뛰어 들어간 삼총사가 소리쳤지.
"우주 비행단에 뽑히려면 비행 훈련도 해야겠구나."
높다란 사다리 위에서 박사님 목소리가 들려왔어.
"맞아요! 근데 박사님이 그걸 어떻게 아시지?"
데이지가 고개를 갸웃거렸어.

"허허허, 이번 우주 비행 책임자가 바로 나란다."
어느새 사다리에서 내려온 박사님이 우주 왕복선이 된 연필호를 보여 주셨어.
도니가 연필호 옆을 찬찬히 바라보자 박사님이 말씀하셨지.
"로켓을 보고 있구나. 로켓은 우주선을 날려 보내는 역할을 한단다."
"로켓은 날개도 없는데 어떻게 높이 날아가나요?"
문득 궁금해진 데이지가 박사님께 물었어.

꿀꿀 더 알아보기

우주선과 로켓의 차이는?

우주선과 로켓은 달라요. 우주선은 우주 공간을 비행하는 물체를 말해요. 우주 왕복선, 우주 탐사선, 우주 정거장뿐만 아니라 인공위성도 우주선이에요. 로켓은 분출된 가스가 밀어내는 힘으로 날아가는 장치예요. 우주선이 우주로 날아갈 수 있게 도와주지요. 발사를 돕는다고 해서 발사체라고도 불러요.

"로켓이 나는 원리는 풍선을 보면 쉽게 알 수 있단다."
박사님은 풍선에 숨을 가득 불어넣은 다음
손에 쥔 풍선 주둥이를 놓았어.
휘이이이잇. 휘파람 소리와 함께 풍선이 이리저리 날아다녔어.
"바람이 빠져나가는 반대 방향으로 풍선이 날아가요!"
날아다니는 풍선을 손끝으로 가리키며 꾸리가 소리쳤어.
"그래 맞아. 로켓도 풍선처럼 아래로 가스가 빠져나가면서,
그 반대 방향인 위로 날아가지."
박사님이 삼총사에게 로켓의 원리를 설명해 주셨지.
"방귀를 많이 뀌면 우리도 날아갈 수 있겠네요?"
도니의 엉뚱한 상상에 연구실은 깔깔깔 웃음바다가 됐어.

그래서 로켓의 원리를 작용과 반작용의 법칙이라고 하는군요.

꿀꿀 더 알아보기

로켓이 날아가는 원리

로켓은 풍선과 같은 원리로 날아요. 가스가 로켓 아래로 빠져나오면, 가스가 뿜어진 방향과 정반대인 위로 로켓이 움직여요. 가스가 빠져나오며 생긴 힘이 반대 방향에 있는 로켓에도 미치기 때문이에요.
이렇게 한 물체가 다른 물체에 힘을 가했을 때, 반대 방향에 똑같은 힘이 미치는 것을 '작용과 반작용의 법칙'이라고 해요.

"로켓은 풍선보다 훨씬 무거운데 어떻게 멀리 날아가요?"
풍선을 만지작거리면서 꾸리가 질문했어.
"로켓은 특별한 연료를 이용해 날아간단다. 무거운 로켓이 멀리 날아가려면 가스가 많이 필요하거든."
"특별한 연료라고요?"
삼총사가 목을 쭉 빼고 박사님께 집중했어.
"로켓에는 추진제를 쓴단다. 연필호를 날려 줄 로켓에는 액체 추진제를 사용할 거야."
박사님이 로켓 내부가 그려진 설계도를 펼치셨지.

꿀꿀♬ 더 알아보기

로켓의 연료는?

자동차나 비행기는 석유로 움직여요. 하지만 로켓은 추진제를 써서 나아가요. 추진제는 연료와 산화제로 이루어져 있어요. 산화제는 연료가 잘 타도록 도와주는 역할을 하지요.
단단히 굳은 고체 추진제를 쓰면 고체 로켓, 물 같은 액체 추진제를 쓰면 액체 로켓이에요. 고체 로켓은 미리 만들어 보관할 수 있지만, 속도 조절이 어려워요. 액체 로켓은 사용 직전에 추진제를 채워야 하지만, 강한 추력을 내고 속도 조절이 가능해요. 고체 로켓과 액체 로켓의 장점을 살린 하이브리드 로켓도 있어요. 액체 산화제와 고체 연료를 함께 쓰는 구조지요.

"비행기를 타고 우주까지 갈 수 있을까?"
"에이, 비행기로는 우주까지 못 가!"
"아냐! 엄청 높이 올라가니까 비행기도 우주에 갈 수 있어!"
삼총사가 투닥투닥 말씨름했어.
"비행기는 공기 속의 산소를 연소시켜 날아가.
그런데 우주에는 공기가 없단다. 비행기로는 우주에 갈 수 없지.
하지만 로켓은 공기 없이 추진제만으로도 우주에 갈 수 있어."
삼총사를 지켜보던 박사님이 말씀하셨지.

나도 공기가 없으면 날 수 없어.

속도를 더 올려, 영차!

꿀꿀 더 알아보기

로켓은 어떻게 우주에서 날 수 있을까?

우리가 이용하는 자동차, 비행기, 기차 모두 연료를 태워 에너지를 내요. 이때 산소가 있어야만 연료가 연소되지요.
로켓은 이런 운송 수단과 다르게 산소 없이도 연료를 태울 수 있어요. 로켓의 추진제에는 산소를 대신하는 산화제가 연료와 함께 들어 있기 때문이에요. 그래서 로켓은 공기가 없는 우주로 날아갈 수 있지요.

"박사님! 로켓은 크니까 사람도
많이 탈 수 있겠네요?"
데이지가 눈을 반짝이며 물었어.
친구들과 다 함께 우주 비행을 하러
간다는 생각에 잔뜩 들떠 있었지.

"사람들은 로켓이 아니라 우주선에 탄단다.
로켓은 발사를 도와주기만 하거든. 게다가 로켓은 차례로 버려지지."
박사님 말씀이 어려운지 꾸리가 머리를 긁적였어.
"로켓은 너무 무거워서 우주까지 가져가기 어렵거든.
그래서 연료를 다 태운 로켓은 분리된단다.
일부 로켓만 우주선과 함께 우주까지 날아가지."
"로켓이 버려진다는 게 아까워요."
"버려야 로켓이 가벼워지니, 어쩔 수가 없단다."
박사님이 데이지 머리를 쓰다듬으며 설명하셨지.

최초로 달에 착륙한 우주선 아폴로 11호를 쏘아 올린 로켓 새턴 5호란다.

꿀꿀 더 알아보기

다단 로켓

여러 로켓을 쌓아 올린 것을 다단 로켓이라고 해요. 로켓이 여러 개로 나누어져 있는데, 연소가 끝난 로켓은 저절로 떨어져 나가요. 그래서 남은 로켓 무게가 훨씬 가벼워져 더욱 빠르게 날 수 있지요.

"그런데 너희, 우주 비행 훈련을 잊은 건 아니겠지?"
연필호 앞에서 술래잡기하는 삼총사에게 박사님이 한마디 하셨어.
"윽, 시험이 있었지."
환하게 웃던 도니 얼굴에 그늘이 생겼어.
"우주는 지구와 달라서 준비를 많이 해야 한단다."
박사님이 알려 주시는 대로 방글이 선생님과 돼지 학교 친구들은 우주 비행 훈련을 받았어.
빙글빙글 도는 기구를 타기도 하고, 물속에서 헤엄치기도 하고,
좁은 공간에서 몇 시간이나 머물기도 했지. 훈련이 힘든지 삼총사는 살이 쏘옥 빠졌어.

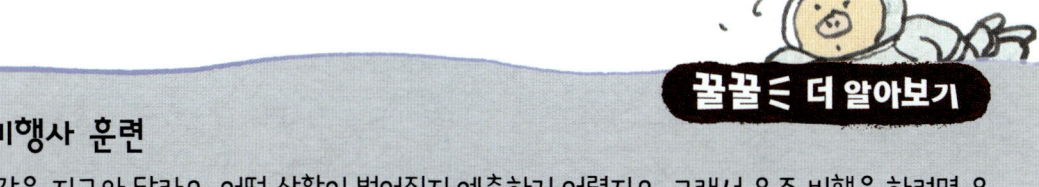

꿀꿀 더 알아보기

우주 비행사 훈련

우주 공간은 지구와 달라요. 어떤 상황이 벌어질지 예측하기 어렵지요. 그래서 우주 비행을 하려면 우주에 대해 많이 공부해야 하고, 몸도 튼튼하게 단련해야 해요. 이렇게 훈련을 받은 비행사를 '우주 비행사' 또는 '우주인'이라고 해요. 우리나라 우주 비행사들이 직접 받았던 훈련을 몇 가지 소개할게요.

1. 중력 가속도 훈련: 중력보다 몇 배나 강한 압력을 견디기 위해 미리 적응하는 훈련이에요. 우주선에 탄 우주 비행사들은 로켓이 발사될 때 강한 압력을 받게 되거든요.
2. 폐쇄 환경 적응 훈련: 우주인들이 좁은 공간 안에서도 적응할 수 있도록 연습하는 훈련이랍니다. 지구 밖으로 나가면 우주인들은 좁은 우주선 안에서 생활해야 하기 때문이에요.
3. 우주 멀미 적응 훈련: 심한 어지러움을 느끼게 되는 우주 환경에 대비하는 훈련이에요. 무중력 상태인 우주에서는 균형을 담당하는 우리 몸의 기관이 혼란을 일으키거든요.
4. 우주 유영 훈련: 우주 공간은 지구처럼 중력이 강하지 않아서, 물체가 둥둥 떠다녀요. 몸도 물속을 헤엄치는 것처럼 둥둥 떠오르지요. 이런 우주 헤엄을 미리 연습하는 훈련이에요.

드디어 우주로 출발하는 날이 되었어.
우주 비행 훈련을 통과한 돼지학교 아이들이 우주복을 입었어.
"우주복이 무거워서 움직이기 힘들어."
뒤뚱뒤뚱 걷던 도니가 벌러덩 넘어졌지.
연필호에 들어선 데이지가 박사님을 불렀어.
"박사님! 우주선이 잘못 만들어졌나 봐요! 의자 등받이가 바닥에 붙어 있어요!"
"우주선은 누워서 앉는 거란다. 그래야 중력을 견딜 수 있거든."
돼지학교 아이들은 두려운 마음 반, 설레는 마음 반으로
바닥에 붙은 의자에 살며시 누웠어.

꿀꿀 더 알아보기

우주복이란?

우주복은 우주선 안이나 우주 공간에서 몸을 보호하기 위해 입는 옷이에요. 우주는 공기가 없고 몹시 추운 데다 위험한 물질이 많거든요. 그래서 우주복에는 여러 장치가 달려 있어요. 우주복을 입으면 숨을 쉬고, 몸을 따뜻하게 유지하고, 외부와 연락할 수 있어요. 하지만 우주복은 아주 무거워요. 약 100킬로그램이나 되지요.

"야호, 우주를 날고 있어."

발사 10초 전. 10, 9, …… 3, 2, 1, 발사!
콰콰콰콰광.
엄청난 폭발음을 내며 연필호가 힘차게 날아올랐지.
그런데 잠시 뒤 우주선이 날아가는 반대 방향에서
몸을 끌어당기는 엄청난 힘이 느껴졌어.
"으으윽."
아이들은 방글이 선생님과 받았던 비행 훈련을 떠올리며 입을 앙다물었지.
곧 연필호가 로켓을 분리하고는 지구의 대기권을 벗어났어.
"드디어 우주 공간이야. 만세!"
잔뜩 긴장해 있던 아이들이 한꺼번에 함성을 터뜨렸어.

꿀꿀 더 알아보기

인류는 언제부터 우주에 가게 되었을까?

사람들은 오랫동안 하늘을 꿈꿨지만, 20세기가 되어서야 우주로 나갈 기술을 갖추게 되었어요. 1957년 최초의 인공위성 스푸트니크 1호가 소련에서 발사되었어요. 하늘로 쏘아 올린 비행체로는 첫 성공이었죠. 1969년에는 미국의 아폴로 우주선이 달에 착륙했어요. 인류가 처음으로 우주에 발자국을 남긴 사건이었어요.
이후 다양한 우주선이 우주로 날아갔어요. 1976년에 바이킹호가 화성에 착륙했고, 1977년에는 보이저호가 목성을 탐사했지요. 우주 왕복선 컬럼비아호도 1981년 발사되었고요. 2010년 완공된 국제 우주 정거장은 다양한 우주 연구를 위한 중간 기지로 활용되고 있답니다.

접근

정렬

"우주선끼리 연결하는 것을 도킹이라고 한단다. 도킹에 성공하려면 국제 우주 정거장과 똑같은 궤도로 정거장에 다가가야 해."
연필호가 도킹에 성공하자 딩딩딩 종소리가 울렸어.
"환영한다, 얘들아."
우주 정거장에 머무르고 있던 우주인들이 돼지 학교 아이들을 반겨 주었어.
종소리는 우주 정거장을 오가는 이들을 환영하는 의식이래.

도킹

밀착   개방   승무원 진입

우주 정거장과 우주선이 도킹하는 과정이야.

꿀꿀 더 알아보기

우주 정거장이란?

우주 정거장은 지구 주위를 도는 대형 우주 기지예요. 우주인들이 머무르면서 연구할 수 있도록 설계되었지요. 오늘날 사용되는 국제 우주 정거장은 두 번째 우주 정거장으로, 세계 16개 나라가 참여해 만들어졌어요. 첫 번째 우주 정거장은 러시아에서 쏘아 올린 미르호로, 2001년에 폐기되었어요. 우주 정거장에서 쓰이는 연료와 부품은 모두 지구에서 가져와요. 화물 보급선 프로그레스호는 물품을 실어 나르고, 소유즈호 같은 왕복 우주선은 우주 비행사를 태워다 주지요.

"어떡해! 얼굴이 엄청 부었어!"
거울을 보던 데이지가 깜짝 놀랐어.
"무중력 상태인 우주에서는 피가 머리로 몰리거든. 지구에 가면 괜찮아질 거야."
박사님이 데이지를 다독이셨어.
"우주에서는 조금만 힘을 줘도 쉽게 움직이기 때문에 근육도 약해진단다.
헬스장에서 쓰는 운동기구들은 우주인의 근육 단련을 위해 발명되었지."
방글이 선생님 말씀에 아이들은 땀을 뻘뻘 흘리며 열심히 운동했어.
가장 먼저 운동을 끝낸 꾸리가 샤워실로 들어갔어.
그런데 샤워를 마치자 진공 장치가 윙 하고 작동하더니
샤워하고 남은 물방울을 싹 빨아들이는 거야!
대체 남은 물을 어디에 쓰려고 그러지?

물을 적게 쓰도록 해.

꿀꿀 더 알아보기

우주에서 가장 중요한 물

우주는 공기도 물도 없어요. 화물 우주선이 지구에서 물을 가져오긴 하지만 넉넉하진 않아요. 게다가 물을 분해해 산소도 만들기 때문에 물이 무척 중요하지요. 그래서 물을 아껴 쓰고, 사용한 물도 여러 번 다시 써요. 우주선에서는 땀과 소변까지도 모아서 정수한 다음 다시 사용한답니다.

"우주에서는 내장이 위로 쏠려 있어서 조금만 먹어도 배가 부르단다."
접시를 치우던 방글이 선생님이 알려 주셨어.
그때 도니가 갈팡질팡 어쩔 줄 몰라 하더니 다급히 외쳤어.
"화, 화장실이 어디에요? 그, 급해요!"
"어이쿠, 큰일이구나. 아직 화장실 교육을 안 했는데."
박사님 말씀이 끝나기도 전에
도니의 소변이 방울방울 공중으로 떠올랐어.

우주식은 잘 상하지 않아 오래 보관할 수 있지.

음식과 음료수도 떠다녀.

꿀꿀 ⦗ 더 알아보기

우주에서 볼일 보기

우주에서는 수세식 변기를 쓰지 않아요. 물이 귀한 데다가 무중력이라 무엇이든 둥둥 떠오르거든요. 소변과 대변은 진공 장치가 달린 변기에 눠요. 그러면 진공청소기가 먼지를 빨아들이듯 진공 장치가 배설물을 빨아들이지요.
소변은 따로 모아 정수한 뒤 다시 사용하고, 대변은 바짝 말려 저장 탱크에 보관해요. 말린 대변은 화물 우주선이 지구 대기에 진입할 때 불에 태워서 없앤답니다.

우주 정거장에서 맞는 이틀째야.

"얘들아, 연료가 부족해서 우주에 오래 머무르긴 어렵단다. 얼른 서둘러야 다른 우주선을 둘러보고 지구로 돌아갈 수 있어."

방글이 선생님이 우주 침낭에서 자고 있던 아이들을 깨우셨어.

"어휴, 잠을 자면서도 몸이 둥둥 뜨는 기분이 들었어요."

자는 동안 피곤했는지 데이지가 투덜댔지.

"우아! 외계인이 타고 있는 우주선인가 봐요!"

창밖을 보던 꾸리가 큰 소리로 외쳤어.

"하하하, 저건 인공위성이란다."

꾸리의 말에 박사님이 웃으셨어.

최초의 인공위성인 스푸트니크 1호야.

미국은 스푸트니크 1호가 발사된 뒤 3개월 후에 익스플로러 1호를 쏘아 올렸어.

스푸트니크 1호는 83.6kg의 알루미늄으로 되어 있어. 96분마다 지구 주위를 한 바퀴씩 돌며 주위의 밀도와 온도를 측정했어.

꿀꿀~ 더 알아보기

인공위성

행성 주위를 일정하게 도는 천체를 위성이라고 해요. 이를테면 지구 주변을 도는 달은 지구의 위성이지요. 행성 둘레를 도는 위성 가운데 사람이 만든 위성도 있어요. 이런 행성을 '인공위성'이라고 해요. 최초의 인공위성은 1957년 10월 4일에 소련이 발사한 스푸트니크 1호예요.

인공위성들은 지구 주위에 올막졸막 자리 잡고 있었어.
"정말 많지? 우주로 쏘아 올린 인공위성만 해도 5천 개는 넘을 거야."
박사님 설명에 아이들의 눈이 휘둥그레졌어.
"인공위성이 어떤 일을 하는지 얘기해 볼까?"
방글이 선생님이 질문을 던지자 아이들이 너도나도 대답했지.
"차에 달린 내비게이션으로 길을 알려 줘요."
"텔레비전으로 방송 신호를 보내 줘요."
"우주에서 찍은 구름 사진으로 날씨를 예측해요."
인공위성이 없다면 우리 생활은 엉망진창이 될지도 몰라.

꿀꿀 더 알아보기

인공위성의 종류

인공위성은 여러 목적으로 쓰여요. 기상을 관측하는 데 쓰이는 기상 위성, 방송 신호나 음성 신호를 연결하는 통신 위성, 군사 정보를 얻는 데 쓰이는 군사 위성, 특정 물체의 위치를 알려 주는 항법 위성 등이 있어요. 그중 GPS 위성이라 불리는 항법 위성은 휴대 전화나 차량용 내비게이션에 쓰이는 등 실생활에서 다양하게 활용된답니다.

삐빅, 삐빅, 삐빅.
갑자기 경고음이 울리더니 커다란 물체가 연필호 옆을 빠르게 지나갔어.
"휴우. 부딪히지 않아서 다행이에요."
데이지가 놀랐는지 한숨을 크게 쉬며 말했어.
"우주 쓰레기란다. 고장 난 인공위성이나 우주선에서 떨어진 조각들이지."
방글이 선생님이 데이지에게 알려 주셨어.
"그런데 인공위성끼리는 왜 부딪치지 않아요?"
잠자코 창밖을 쳐다보던 꾸리가 불쑥 질문했어.
"인공위성마다 정해진 궤도로 움직이거든."
박사님이 말씀하셨어.

내가 인공위성을 잡아당기는 힘(중력)과 인공위성이 궤도를 벗어나려는 힘(원심력)이 같아서 인공위성은 떨어지지 않고 돌 수 있는 거야.

꿀꿀 더 알아보기

인공위성이 떨어지지 않는 이유는?

인공위성에는 두 가지 힘이 작용해요. 바로 중력과 원심력이에요. 지구의 중력은 인공위성을 지구로 끌어당겨요. 원심력은 인공위성이 지구 둘레를 벗어나게 하지요. 두 힘의 크기가 똑같을 때 인공위성은 떨어지지 않고 계속 지구 둘레를 돈답니다.

"저기 인공위성이 보이니?"
박사님이 손짓한 곳에 새 인공위성이 반짝이고 있었어.
"얼마 전 발사된 나로호란다. 그 옆에 있는 것은 아리랑 5호지.
모두 우리나라 나로 우주 센터에서 쏘아 올린 위성들이야."
"우주에서 우리나라 인공위성을 보다니!"
꾸리가 우주복에 달린 태극기를 보며 자랑스러워했지.
"우리나라는 세계에서 열세 번째로 우주 기지를 보유하고,
열한 번째로 자체 위성을 쏘아 올린 위성 대국이란다."
방글이 선생님이 조곤조곤 설명하셨어.

인공위성 덕분에 우리는 휴대 전화로 통화하고 날씨를 예측하는 등 편리한 생활을 하고 있지.

꿀꿀 더 알아보기

우리나라의 우주 역사

1992년에 최초로 발사한 인공위성 우리별 1호를 시작으로, 우리나라는 인공위성을 계속 개발해 왔어요. 방송 통신 위성인 무궁화 1·2·3호, 실용 위성인 아리랑 1·2·3·5호 등 현재까지 우리나라가 쏘아 올린 인공위성만 해도 19개나 된답니다.
또 2008년에는 우리나라 최초로 우주인을 배출하고, 2009년에는 우리나라 최초 발사 장소인 나로 우주 센터를 준공하는 등 우주 공간에 대한 폭넓은 연구도 진행되고 있어요. 2013년에는 우리나라 최초 우주 발사체인 나로호를 발사하기도 했지요.

인공위성들을 멀리 지나온 연필호 앞에 붉은색 행성이 나타났어.
"화성이 보이는구나. 내려서 화성 지표면을 살펴보자."
화성을 거쳐 간다는 박사님 말씀에 아이들이 시끌벅적 떠들었어.
울퉁불퉁한 화성의 표면에 착륙한 연필호는 어느덧 탐사선으로 변해 있었어.
"얘들아, 절대 우주복에 달린 끈을 풀어서는 안 돼. 알겠지?"
방글이 선생님이 연필호를 나서는 아이들에게 여러 번 당부하셨어.
아이들은 우주 속을 걷는 게 꿈만 같았지.

꿀꿀 더 알아보기

우주 유영

우주 비행 중에 우주선 밖으로 나와 움직이는 것을 우주 유영이라고 해요. 우주를 유영하는 동안 우주인들은 우주 광물을 채취하거나 여러 가지 실험을 하지요. 우주 유영은 신기한 경험일 수 있지만 위험한 일이에요. 실수로 우주선에서 멀어지면 영원히 우주 미아가 될 수 있거든요.

아이들은 화성 지표면을 둥둥 떠다녔어.
"저기 스피릿과 오퍼튜니티야."
스피릿과 오퍼튜니티는 2004년부터 화성을 탐사하고 있는 쌍둥이 로봇이야.
"두 로봇이 정말 똑같네. 그런데 스피릿은 움직이지 않는걸?"
"스피릿은 2011년에 임무를 마쳤단다. 오퍼튜니티만 아직 화성을 탐사하고 있지. 2012년에 화성에 도착한 탐사선 큐리오시티와 함께 말이야."
종알대는 아이들 이야기를 박사님이 거드셨어.

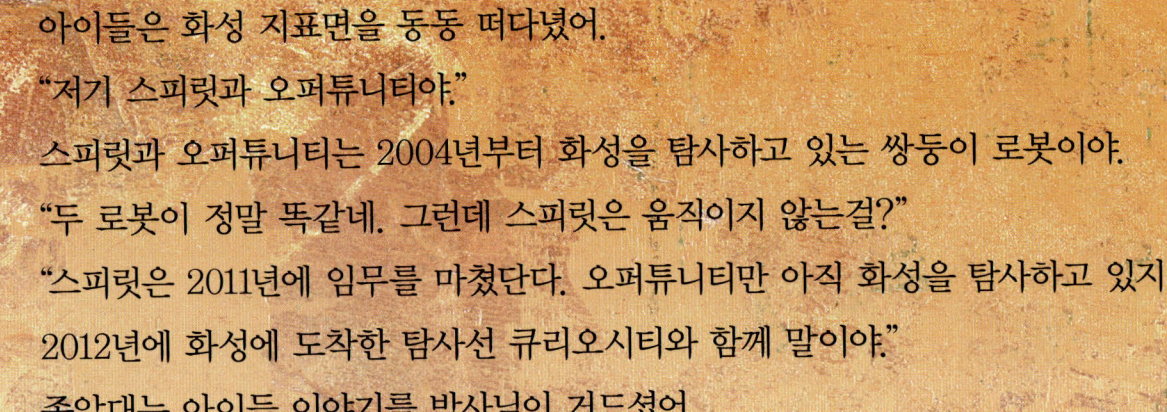

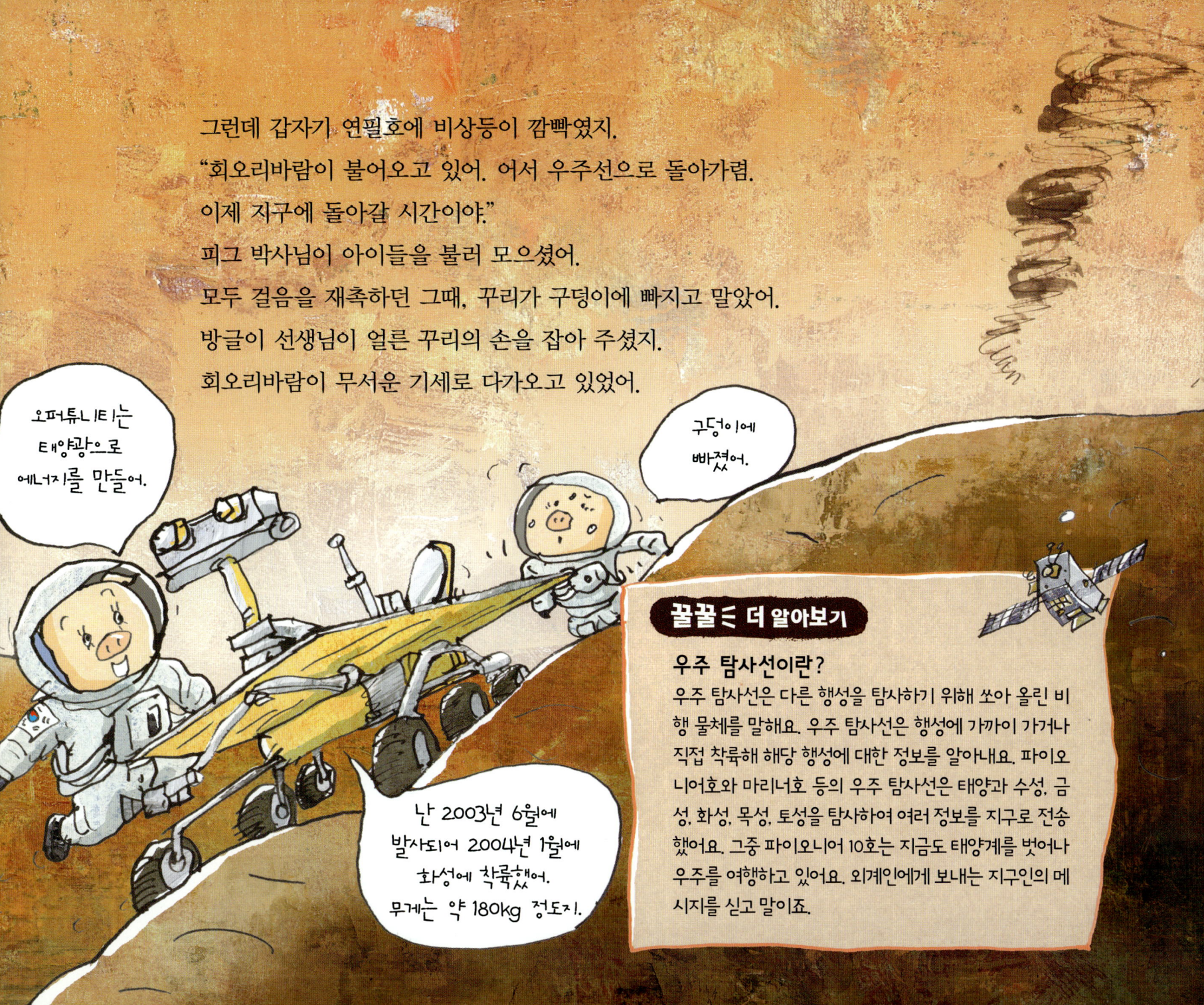

그런데 갑자기 연필호에 비상등이 깜빡였지.
"회오리바람이 불어오고 있어. 어서 우주선으로 돌아가렴.
이제 지구에 돌아갈 시간이야."
피그 박사님이 아이들을 불러 모으셨어.
모두 걸음을 재촉하던 그때, 꾸리가 구덩이에 빠지고 말았어.
방글이 선생님이 얼른 꾸리의 손을 잡아 주셨지.
회오리바람이 무서운 기세로 다가오고 있었어.

오퍼튜니티는 태양광으로 에너지를 만들어.

구덩이에 빠졌어.

난 2003년 6월에 발사되어 2004년 1월에 화성에 착륙했어. 무게는 약 180kg 정도지.

꿀꿀 더 알아보기

우주 탐사선이란?
우주 탐사선은 다른 행성을 탐사하기 위해 쏘아 올린 비행 물체를 말해요. 우주 탐사선은 행성에 가까이 가거나 직접 착륙해 해당 행성에 대한 정보를 알아내요. 파이오니어호와 마리너호 등의 우주 탐사선은 태양과 수성, 금성, 화성, 목성, 토성을 탐사하여 여러 정보를 지구로 전송했어요. 그중 파이오니어 10호는 지금도 태양계를 벗어나 우주를 여행하고 있어요. 외계인에게 보내는 지구인의 메시지를 싣고 말이죠.

쿵 하는 소리와 함께 연필호가 나로 우주 센터에 도착했어.
"쿵쿵! 지구의 공기가 이렇게 좋은 줄 몰랐어."
도니가 공기를 들이마시자 콧구멍이 벌름거렸지.
"어른이 되면 은하수까지 날아갈 힘센 로켓을 만들 거야."
"나는 우주 비행사가 돼서 우주를 돌아다닐래."
데이지와 꾸리가 씩씩하게 말했어.

아, 상쾌해.

삼총사는 다시 우주로 갈 날을 기대하면서
맑은 하늘을 올려다보았어.
로켓을 버리고 날아간 우주선들은
오늘도 우주 어딘가를 비행하며
우리가 모르는 우주의 비밀을 알아내고 있겠지?

용감한 돼지 삼총사와 떠나는 창의적 융합과학 교과서

돼지학교 과학

노래를 들어 봐요 ♪

돼지학교 시리즈는 초등 과학의 4가지 영역인 생명, 지구와 우주, 물질, 운동과 에너지 분야를 재미있는 이야기를 통해 아이들 스스로 과학적 지식을 익힐 수 있게 구성된 과학책입니다. 돼지 삼총사와 함께 떠나는 신 나는 과학 여행! 그 속에서 여러 가지 미션을 수행하며 자연스럽게 창의적 문제 해결력을 키울 수 있습니다.

- 한 권 한 권 읽을 때마다 과학 지식이 차곡차곡!
- 돼지 삼총사와 떠나는 모험으로 과학적 호기심이 쑥쑥!
- 흥미로운 이야기로 창의적 문제 해결력이 팍팍!

돼지학교 과학

    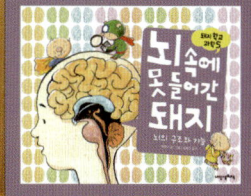

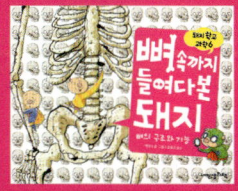    

돼지학교 과학 18
로봇 속으로 들어간 돼지
로봇

돼지학교 과학 19
바다로 들어간 돼지
고래

돼지학교 과학 20
마법 부리는 돼지
산과 염기